ESSAI

SUR LA VIE ET LES ŒUVRES

DE

JEAN ROUXEL

Poète et Jurisconsulte caennais

ESSAI

SUR LA VIE ET LES ŒUVRES

DE

JEAN ROUXEL

Poète et jurisconsulte caennais du XVIe siècle

PAR

Léopold DUHAMEL

Elève de l'Ecole impériale des Chartes

CAEN

IMPRIMERIE DE VEUVE PAGNY

Rue Froide, 27

1862

Qu'il nous soit permis d'inscrire au commencement de
ce premier travail deux noms que nous voudrions confondre
dans notre reconnaissance.

Nous prions M. PUISEUX, notre savant et érudit historien
normand, de bien vouloir accueillir nos sincères remercic-
ments pour les conseils et les encouragements qu'il a pro-
digués avec tant de bienveillance à l'un de ses plus recon-
naissants élèves.

Nous voudrions également que M. GEORGES MANCEL,
notre modeste et savant bibliothécaire, puisse recevoir nos
remerciements. La mort vient de nous l'enlever. Personne
plus que nous n'a pleuré sur cette tombe. Elle a enseveli
l'un des hommes les plus modestes et les mieux instruits
sur notre histoire locale. Nous n'avons connu M. G. Mancel
que déjà épuisé par la maladie, mais jamais nous n'oublie-
rons son accueil cordial. Nous nous rappellerons toujours

avec quelle complaisance il a guidé nos recherches, aidé
nos travaux ; avec quel bonheur il nous a prodigué ses
précieux encouragements. Honneur à sa modestie, à sa
bienveillance, à sa profonde connaissance de nos vieilles
annales ! Quand de tels hommes disparaissent, ils laissent
un immense vide autour d'eux ; mais l'histoire inscrit leur
nom en lettres éclatantes au livre immortel de l'avenir !

L. D.

Paris, juin 1862.

JEAN ROUXEL

Poète et Jurisconsulte caennais

Jean Rouxel naquit à Caen vers la fin de l'année 1530. Il était fils de Guillaume Rouxel, fameux marchand de cette ville. D'après ce qu'il nous dit lui-même, dans quelques vers traduits par J. Cahaignes, son ami, les relations de sa famille étaient fort étendues ; les vaisseaux de son père allaient jusqu'aux Indes chercher les trésors de l'Asie. Famille ancienne et honorable qui ne se recommandait ni par la gloire de ses ancêtres, ni par les grands noms qu'elle avait donnés aux lettres.

Quelques auteurs ont cru que Rouxel se rattachait, par ses ancêtres, à cette fameuse famille des Rouxel-Médavy. que Charles VII avait dotée de plusieurs terres aux bailliages de Caen et d'Alençon, en récompense des services que Jean Rouxel seigneur du Plessis-Morvant avait rendus à ce prince. Nous ne pouvons soutenir cette opinion ; malgré nos recherches, il nous a été impossible de retrouver la filiation qui relierait Rouxel aux Médavy. Et quand nous l'aurions trouvée, notre auteur lui-même prouverait son peu de valeur par ces vers :

> Notre maison ne peut de titres se vanter,
> Les escus ni blasons de ses majeurs conter.
> Mon père en divers lieux demena le trafique
> Et joignit aux Normands et l'Inde et l'Amérique ;
> Mes frères le trafic de leur père suivants
> Ont acquis le renom de fidèles marchands.

Ainsi, Rouxel nous renseigne lui-même sur son origine roturière.

Son origine caennaise a été contestée par plusieurs auteurs, entre autres par l'abbé Guyot, dans son *Moreri des Normands* (1)

« Rouxel naquit, dit-il, à Bretteville, diocèse de
« Bayeux, et non à Caen comme l'ont écrit Huet et
« Nicéron. »

Mais qu'est-ce que Bretteville, diocèse de Bayeux ? Il y a plusieurs Bretteville dans le diocèse. Lequel ? Est-ce Bretteville, Bretteville-la-Pavée, Bretteville-l'Orgueilleuse, Bretteville-sur-Laize, Bretteville-sur-Dives ?

(1) Biblioth. de Caen, Mss. 57, t. II.

Ce même auteur ajoute que Rouxel fut enterré dans le chœur de l'église des Jacobins « où l'on voit, « dit-il, son épitaphe, et sur son épitaphe, le vrai nom « du lieu de sa naissance. » Mais pourquoi l'abbé Guyot ne cite-t-il pas cette épitaphe, qu'il prétend avoir vue, et qui est si précieuse pour l'histoire? Est-ce la pierre tombale d'un Rouxel quelconque? (Ce nom était très-commun à cette époque chez nous.) Est-ce celle de notre auteur? Comment éclairer ce point, si nous nous en rapportons au *Moreri des Normands?* Abandonnons donc l'abbé Guyot, dont la critique n'est pas toujours parfaitement informée, et confions-nous à des auteurs plus sérieux, auxquels il est permis d'ajouter plus de foi qu'à cette compilation souvent confuse et erronée.

Nicéron et Huet font naître Rouxel à Caen. Ils s'appuient sur des documents certains, incontestables.

Nous avons d'abord l'épitaphe de Rouxel faite par Antoine Halley, épitaphe que l'abbé Guyot avait pu lire, mais sans la comprendre. On lit, en effet, à la fin : « Filii vero Dominus Joannes, prior abbatiæ de « Longues et Carolus *Dominus de Bretteville* (1) hoc « marmore patri optimo parentaverunt. » Ces derniers mots nous donnent la clef de l'erreur. Notre

(1) Hermant *Hist. du diocèse de Bayeux* Biblioth. de Caen, Mss. 70.

abbé a confondu un nom de fief avec un nom
d'homme. Rouxel était seulement sieur de Bretteville. D'ailleurs, si nous n'avions ce témoignage
certain, nous aurions celui de tous les amis et les
compatriotes de Rouxel.

C'est Jacques Cahaignes qui, dans la belle oraison funèbre qu'il nous a laissée de lui, pleure « le
« citoyen Caennais, civem Cadomensem. » C'est
Rouxel lui-même qui, dans une pièce de vers, s'écrie :

Mi patria est Cadomus Cereri gratissima sedes.

C'est Macé, lecteur du roi aux mathématiques,
Scévole de Sainte-Marthe, Guillaume Critton, Sarrazin, Vauquelin de la Fresnaye, une foule de beaux
esprits qui viennent déposer leurs regrets et leurs
derniers hommages sur la tombe de l'illustre enfant
de l'Athènes Normande.

De pareilles preuves ne sont pas inventées au ha-
sard et nous ne savons comment l'abbé Guyot a pu
tomber dans une semblable erreur.

C'est donc à juste titre que la ville de Caen peut
revendiquer l'honneur d'avoir vu naître Rouxel (1)
et grandir cet illustre fils. Du reste, s'il n'était Caennais par la naissance, ne le serait-il pas par la plus
grande partie de sa vie. C'est là qu'il puisa les premiers éléments de littérature ; c'est dans ces murs

____

(1) Huet. *Origines de Caen.*

que nous le verrons : jeune homme, se livrer avec acharnement à l'étude de l'antiquité, des lettres et des arts; homme, venir déposer, au milieu de ses concitoyens, ce qu'il aura conquis, à force de privations et de fatigues, dans ses nombreux voyages à travers l'Europe savante. Il reviendra relever une Université tombée dans l'oubli, l'illustrer de ses savantes leçons; former Malherbe; préparer à la France l'un de ses plus grands poètes et le réformateur de la poésie française.

Dès son enfance Rouxel montra pour l'étude un goût qui ne se démentit jamais. Loin de les contrarier, ses parents ne firent au contraire qu'encourager de telles dispositions. Un de ses frères étudiait déjà avec succès les lettres et les arts; leur père, rêvant peut-être tout un avenir de gloire et d'honneurs pour ses fils, voyait avec plaisir les douceurs de l'étude l'emporter chez eux sur l'amour des préoccupations commerciales.

Caen était, comme aujourd'hui, une ville essentiellement littéraire. Si son Université avait perdu son antique éclat, elle était encore célèbre cependant. Quelques esprits élevés, des hommes vraiment dévoués à la science, y luttaient avec énergie contre le mauvais goût qui envahissait tout. Phalange glorieuse alors, aujourd'hui oubliée, qui compta pourtant des hommes dignes de la postérité ! S'ils ne s'illustrèrent point par des travaux supérieurs, ils surent conserver les antiques traditions du passé ; ils sauvèrent, pour quelque temps du moins, les arts et les lettres du naufrage où l'ignorance allait les faire sombrer.

C'est au milieu de ces hommes que grandit Rouxel. Partageant ses journées entre l'enseignement de l'Université et les leçons des Jacobins, il étudia l'antiquité et la théologie avec les uns, la littérature et la philosophie avec les autres. Ses heureuses dispositions se révélèrent promptement ; des qualités au-dessus de son âge firent concevoir de lui les plus brillantes espérances. Malheureusement, une catastrophe imprévue l'arrêta. Son père, dont la santé, ruinée par le travail, s'affaiblissait de jour en jour, mourut presque subitement. Ses deux fils restèrent orphelins, car ils avaient perdu leur mère fort jeunes. Cependant il eut encore le temps de recommander le jeune Rouxel à son frère aîné, qui avait abandonné l'étude pour le négoce. Celui-ci voyait d'un mauvais œil les succès toujours croissants de son jeune cadet. Il le prit en haine. Mais, heureusement pour l'élève des Jacobins, si la Providence le priva de sa famille, elle lui conserva des amis, des conseillers, presque des parents ; car les liens que cimente le travail sont quelquefois plus durables que les devoirs commandés par la nature. S'il ne trouva plus dans la famille ces encouragements sans lesquels l'homme ne peut se former, il les trouva au milieu de ses maîtres, devenus ses amis. Combien d'hommes n'auraient pas cédé aux tourments continuels dont son frère le harcela ; combien auraient abandonné les lettres pour un commerce où l'on rencontrait le plus souvent honneurs et fortune ! Mais Rouxel n'était point de ceux-là ; il sut résister et marcher hardiment dans la voie où l'appelait sa nature.

Après la mort de son père, il resta encore quelque temps à Caen. Mais, encouragé par ses maîtres, dégoûté probablement des mauvais procédés de son frère, il quitta bientôt sa patrie.

Curieux de puiser la science aux sources, il partit à Paris, âgé de dix-sept ans à peine. Ni les privations de cette nouvelle vie, ni les dangers qu'il pouvait y trouver ne l'arrêtèrent. Jeune homme, presque enfant, il resta livré à lui seul, au milieu de cette foule d'étudiants de toutes les mœurs et de tous les pays : au centre de cet affreux quartier Latin, sombre cloaque où la jeunesse française, livrée en général aux agitations de l'époque, gaspillait son avenir et compromettait le plus souvent l'avenir moral de la patrie. Et pourtant, il faut bien le dire, toute tumultueuse, toute agitée qu'elle était, elle déployait un merveilleux courage. Ne fallait-il pas une ferme volonté au cœur de ces jeunes gens qui laissaient familles, affections, pour venir écouter les leçons d'un maître, adopter ses doctrines, les défendre au mépris des plus grands dangers, de la mort même !

Mais à cette époque rien n'arrêtait la soif d'instruction qui dévorait tous les cœurs. Une révolution s'opère dans notre littérature. L'esprit d'examen, la tendance vers un idéal nouveau s'empare de tous les hommes supérieurs. La Renaissance éclaire de son éclatante lumière les questions les plus ardues de la science ; l'esprit s'affranchit des langes du moyen-âge ; il s'élance hardiment vers de nouvelles découvertes ; on scrute le passé au profit de l'avenir ; sur les doctrines anciennes on en édifie de nouvelles ; le vieux monde de la scolastique, ébranlé dans ses fondements s'écroule, et sur ses ruines s'élève une philosophie moins dogmatique et plus scientifique. Si la France a perdu aux yeux de l'Europe le prestige de sa grandeur politique, elle se relève glorieusement en arrachant à l'Italie le double sceptre des sciences et des arts. Elle produit la gloire de notre littérature et de notre philosophie, l'immortel phalange de grands écrivains au milieu desquels vécut Rouxel.

La philosophie était sur le point de rejeter Aristote, dont elle avait jusqu'alors fait son Dieu, lorsque Pierre Ramus entra hardiment dans la lutte avec un courage et une persévérance inconnus avant lui. Attaquant non-seulement les scolastiques, mais encore

le Dieu de l'Ecole, Aristote, il en appela à la tra-
dition même de Socrate et de Platon pour le con-
damner. Rouxel dut écouter les leçons de ce grand
maître, et, d'après son propre témoignage, il partagea
pleinement ses doctrines. Dans une élégie touchante
sur le sort de celui que bafoua et célébra tour à tour
le peuple, il adresse ce beau vers au philosophe
malheureux :

Terra tibi clausa est ; æthere carpe viam.

« La terre refuse d'écouter tes doctrine, prends
la route des cieux. »

On reconnaît là l'homme pour qui les luttes et
les querelles sont insupportables. Il y a dans cette
pièce un mélange de mélancolie et d'amour du calme
qui peint admirablement l'esprit du jeune poète.
Esprit qui n'était point né pour une pareille époque;
homme à la fois philosophe et poète, qui ne devait
rencontrer, ni dans la philosophie, ni dans la poésie,
les grands enseignements qu'il y cherchait.

Car si une révolution complète sapait les fondements de l'une, elle renouvelait l'autre de fond en
comble. Rouxel était à Paris aux beaux jours de la
Pléiade, au temps où cette école trop célèbre, née
d'un amour exagéré pour l'antiquité et des premières
inspirations de l'esprit moderne, envahissait notre
littérature. Il assista aux efforts de l'ami, du confi-

dent de Clément Marot, de Mellin de Saint-Gellais,
pour conserver la littérature vraiment nationale.
Efforts inutiles, hélas! Protestation stérile!

Lorsqu'en 1549 il vit Joachim du Bellay lancer
son fameux traité; lorsque Ronsard et tant d'esprits
supérieurs se mirent à la tête de la Réforme; quand
l'Hôpital, Marguerite, le Roi lui-même l'applau-
dirent, Rouxel ne resta pas en arrière. Comment, en
effet, ne pas se laisser entraîner dans un naufrage
où il comptait de si illustres compagnons. Il n'é-
chappa point au mauvais goût d'alors. Dans une
élégie où il fait parler tour à tour un ecclésiastique,
un noble, un homme du peuple et Astrée, pièce
curieuse sur laquelle nous reviendrons, on dirait un
disciple de Ronsard. Le prêtre chrétien, l'homme du
Christ, s'y plaint en termes qu'eût enviés l'augure
de Rome. Mais si Rouxel se laissa entraîner dans un
travers qu'il était presque impossible d'éviter, il sut
rester latin avec des idées latines; il n'introduisit
jamais au sein de sa langue maternelle ces tour-
nures embarrassées que chérissaient Ronsard et ses
disciples.

Tel était l'état des esprits quand Rouxel arriva à
Paris. On sent combien il était difficile, dans ces
temps de renaissance et de bouleversement, de rester
isolé dans l'étude. La vie du littérateur et du philosophe est presque toujours absorbée dans celle d\

l'homme soit public, soit privé. Et pourtant c'est ce que fit Rouxel. Mais cet isolement même, ce culte du travail ne tardèrent pas à le faire connaître.

Son goût pour la poésie latine, son amour pour l'antiquité, lui conquirent bientôt l'estime de Marc-Antoine Muret. Il paraît, du reste, lui avoir été particulièrement recommandé. Ce savant, l'un des plus illustres du XVI⁰ siècle, que le fanatisme et la calomnie devaient chasser de France, accueillit favorablement le jeune Rouxel ; il le reçut chez lui, excita son amour pour la littérature latine et devint son ami. Celui qui avait deviné et formé Montaigne, devina et forma notre compatriote. Bientôt l'élève et le maître furent liés par une étroite amitié. Ils passaient des journées entières à discuter sur la philosophie ; insoucieux des querelles qui agitaient le monde savant, ils cherchaient dans le passé une consolation pour le présent, une voie pour l'avenir. Mais malheureusement quelques heures écoulées dans un calme profitable à notre jeune savant, ne pouvaient compenser les dégoûts qu'il éprouvait pour les bouleversements continuels dont il était le témoin. Peut-être cet état de choses influa-t-il beaucoup sur l'esprit de Rouxel.

Un jour enfin il prit un parti extrême. Malgré ses relations avec presque tous les savants, malgré les regrets et les conseils de Muret, il résolut de quitter la grande ville. Rouxel avait aussi compris qu'une pareille époque n'offrait point assez de garanties à ceux qui se feraient ses soldats. D'ailleurs, pour cet esprit positif, pour cette âme fortement trempée, la philosophie, la littérature étaient-elles un bagage assez solide pour entrer dans la vie ? Il sentait le vide de ces études ; un penchant naturel l'entraînait vers la jurisprudence. Agé de vingt ans à peine, il avait acquis, par une étude continuelle, cette expérience que l'âge seul fait ordinairement mûrir. Il avait compris qu'il fallait marcher d'un pas ferme au milieu de cette société bouleversée. Il ne voyait de repos que dans ces sciences pures de tout préjugé spéculatif, ayant pour but la morale des sociétés ; pour effet, la détermination des droits communs et des obligations de l'homme envers l'homme.

Ces considérations le déterminèrent à étudier le droit. Mais l'Université de Paris n'avait pas, à cette époque, de chaire de droit civil. Le privilége qui lui accordait la Faculté de théologie interdisait en même temps l'enseignement du droit civil ou canon. Il n'y avait alors en France que quelques Universités qui eussent ce privilége. Orléans et Bourges surtout brillaient au-dessus de toutes les autres. De tous les coins de l'Europe, un nombre considérable d'écoliers y accourait chaque année. Presque tous les jurisconsultes célèbres de cette époque, et il n'en manquait pas, vinrent enseigner à ces deux grands foyers. C'est là que Rouxel devait puiser les doctrines qui le firent plus tard admirer de ses compatriotes. Aussi, quoique l'histoire de ces deux Universités ne se rattache aucunement à l'étude que nous avons entreprise sur Rouxel, croyons-nous cependant devoir jeter un rapide coup-d'œil sur leur importance, les docteurs qui y professaient et quelques-unes des luttes qui les agitèrent. Celui qui vit ces luttes, et qui s'y mêla même, dut en conserver longtemps le souvenir ; peut-être même influèrent-elles beaucoup sur le reste de sa vie.

Née des discussions qui agitaient les docteurs de Paris, l'Université d'Orléans se souvint toujours de son origine orageuse. Quoique plusieurs pontifes eussent essayé de la réformer et d'y établir l'ordre, au milieu du XVIe siècle elle était loin d'être calme. Comme toutes ses sœurs, elle sentait s'agiter dans son sein les tempêtes religieuses qui devaient paralyser si longtemps encore l'énergie merveilleuse de ses membres.

D'ailleurs, rien de plus propre à entretenir les divisions que les étranges priviléges dont jouissaient ses écoliers. Les Allemands surtout étaient favorisés ; on eût dit qu'ils étaient chez eux. Ils avaient des priviléges plus étendus, une liberté plus grande que les écoliers français. On comprend les querelles con-

tinuelles qu'enfantait un tel état de choses. Rouxel
paraît y être resté étranger. Livré tout entier à la
poésie et à la jurisprudence, il oubliait les aridités
du droit en cultivant les Muses. Là, comme à Caen,
comme à Paris, il se lia avec presque tous ses professeurs; il apporta cet esprit calme qui le distingua
toujours de la foule. Bientôt il brilla parmi les premiers au sein de cette Université qui comptait tant
d'illustrations; un jour même ses vers furent lus au
milieu de ses condisciples; Rouxel, avec autant de
modestie que de succès, reçut la première récompense de ses travaux. Heureux ceux qui, comme lui,
uniquement préoccupés de l'étude, laissèrent passer
les rudes orages du présent les yeux sur l'avenir.
Mais, malgré ses triomphes, Rouxel quitta Orléans.

Il a fui Paris, parce que Paris n'était point assez
calme, parce qu'il n'y trouvait point la satisfaction
de ses goûts; il fuit Orléans, parce qu'au sein de
cette jeunesse turbulente, agitée, tumultueuse, il sent
bien que sa pensée ne peut gagner.

Nous qui le voyons partir avec les yeux de l'expérience, nous savons qu'il ne trouvera pas plus à
Bourges qu'à Orléans le calme qu'il cherche; mais
il ignore ce que l'avenir lui réserve. L'Université de
Bourges n'est-elle pas la plus brillante de l'Europe?
Rouxel n'a-t-il pas entendu prononcer les grands
noms de Doneau, de Baudoin, de Duaren. Aussi

n'hésite-t-il pas à aller les entendre. Après trois ans passés à Orléans, il va aller écouter à Bourges ce que le xvie siècle a produit de plus grand. Il s'éloigne de plus en plus de cette ville natale, qu'il chérit pourtant; il n'a plus qu'un but, qu'une pensée : savoir. En 1553, époque à laquelle Rouxel arrive à Bourges, cette célèbre école prélude par un calme étrange aux luttes sanglantes qui vont bientôt éclater. Dirigée par l'Hôpital, grande figure qu'on rencontre partout où germe une idée, cette Université avait obtenu les faveurs de la reine de France. Des hommes d'une science éprouvée, d'un génie hors ligne, avaient porté sa renommée aux quatre coins de l'Europe. C'étaient Baudoin et Duaren, dont les dissentions allaient jeter le trouble partout; Doneau, docteur et professeur depuis 1551, et beaucoup d'autres non moins célèbres.

Pendant la première année, Rouxel put espérer avoir trouvé enfin le calme qu'il cherchait. Ecoliers et docteurs, théologiens et philosophes, tous étaient unis; les récentes querelles étaient apaisées, et rien n'en présageait de nouvelles. Mais sous ce calme factice, il y avait trop d'ambitions en jeu, trop de personnalités orgueilleuses effacées et oubliées : les rivalités se réveillèrent. Les doctrines religieuses servirent de prétexte. En 1554, la lutte recommença.

L'envie seule arma l'un contre l'autre Baudoin et

Duaren, les deux chefs de l'école. Baudoin refusa de faire son cours. Il y fut forcé ; il le fit aux mêmes heures que son collègue. Deux camps se forment; les professeurs se divisent ; les écoliers suivent cet exemple. Le 8 mai 1554, l'un des partisans de Duaren fut tué. La justice s'en mêla ; Baudoin, le provocateur de toutes ces rixes, quitta Bourges.

Quel fut le rôle de Rouxel dans ces discussions d'école? Nous l'ignorons. Cependant tout fait penser qu'il épousa le parti de Baudoin. Quelques mois après il quittait Bourges et faisait, avec son célèbre maître, le voyage d'Allemagne.

L'Allemagne a toujours été la patrie des savants, et Rouxel devait nécessairement, lui aussi, payer son tribut d'admiration à cette terre essentiellement classique. Ses Universités, moins célèbres que les nôtres, puisque la jeunesse allemande accourait chez nous, n'en jouissaient pas moins d'une grande renommée. Des hommes illustres apportaient aussi leur pierre au grand édifice de la Renaissance, et notre savant avait grande envie de les connaître. Il ne manquerait pas de se mettre en rapport avec eux, surtout s'il voyageait avec un compagnon tel que Baudoin.

Il partit donc et parcourut successivement, avec le docteur de Bourges, une partie de l'Allemagne. Ce qu'il admirait surtout dans cette nature, c'était cette érudition profonde, jointe à une modestie plus profonde encore; cet amour de l'antiquité, cette philosophie plus scientifique, plus avancée que la nôtre. Il était là dans son élément. Ce caractère allemand devait singulièrement sympathiser avec le sien. Aussi conserva-t-il toujours un délicieux souvenir de ce voyage.

Il rencontra à Heidelberg surtout, un homme d'un grand savoir, d'une humilité plus grande encore : François Hotman, qu'il avait probablement connu à Bourges et duquel il reçut un accueil cordial. Il passa quelque temps dans la société de ce savant, et partit d'Heidelberg en laissant parmi ceux qui l'y connurent d'excellents souvenirs. De grands personnages même le devinèrent. Lorsque plus tard il revint à Caen, il fut sollicité, par un prince d'Allemagne, pour aller enseigner le droit dans ses Etats. Ce prince l'avait connu à Heidelberg.

Rouxel voyagea encore quelque temps en Allemagne, puis passa en Suisse. Là encore il devait rencontrer un autre ami non moins célèbre, non moins bienveillant pour lui. A Genève, il se lia étroitement avec Sébastien Castalion et nous a laissé de curieux détails sur la vie de ce savant.

Toutefois, cette liaison qui devait être si fortement cimentée dans la suite, eut de singuliers commencements. Lorsque Rouxel se présenta chez lui comme

Français, Castalion ne voulut point le recevoir. Mais peu à peu le savant s'apaisa, voyant les bons procédés de l'étranger à son égard; reconnaissant l'excellence de ses principes, sa douceur, sa courtoisie, sa modestie, il consentit à l'admettre chez lui; cependant il posa ses conditions, et de singulières conditions!

Rouxel dut promettre solennellement de ne jamais jurer devant lui; de ne jamais blasphémer Dieu; de ne rien dire de lui en son absence qu'il ne pût dire en sa présence; de ne point attenter à l'honneur de sa femme et de ses filles; de ne point les regarder d'un œil français, c'est-à-dire impudique et malhonnête. De telles protestations de foi et de politesse exigées d'un hôte sont vraiment fort curieuses et nous donnent une idée de la bizarrerie de certains esprits de cette époque. On se demande comment de telles intelligences en étaient venues à des habitudes, je dirai presque à des manies aussi étranges. C'est une naïveté qui touche presque le ridicule. Mais ce n'est pas tout, Castalion ne professait point ses doctrines à l'égard des étrangers seuls. Chez lui, dans l'intérieur de la famille, il avait introduit des mœurs qui feraient sourire si elles n'étaient celles d'un grand homme. Après son repas, pour éviter le sommeil, il prenait le tablier de cuir et tournait au tour des boules de bois qu'il vendait à qui les lui demandait. Chacun

de ses enfants apprenait une profession manuelle.
Lui-même, par moments, ne dédaignait pas de la-
bourer son champ.

Et pourtant, cet homme aux mœurs simples, aux
goûts plus simples encore, était célèbre de son temps.
Ses contemporains admiraient sa profonde érudition :
homme privé, au sein de la famille, homme public,
dans la grande famille de la science, partout il sut
conquérir le respect. Cahaignes, dans son oraison
funèbre de Rouxel, nous apprend avec quelle admiration son élève en parlait, quelle estime il professait pour sa mémoire. C'était avec attendrisse-
ment qu'il se rappelait les journées passées à discuter ensemble. Castalion traduisait de grec en latin
les vers des Sybilles. Plein de confiance en Rouxel,
il les lui donnait à corriger. Il confiait ses œuvres au
jugement de son hôte et ne les revoyait jamais après
lui. Une telle confiance en notre compatriote de la
part de Castalion est une preuve de sa supériorité.

Cette participation aux ouvrages de Castalion n'em-
pêcha pas Rouxel de continuer ses études de droit.
Rien ne pouvait l'en détourner, ni le besoin de repos,
ni les plaisirs de tous genres qui s'offraient à lui.
Son activité infatigable, son ardente soif de la
science lui avaient même fait sacrifier son sommeil
à des veilles qui finirent par compromettre grave-
ment sa santé.

En effet, cette tension continuelle de l'esprit, ces travaux prolongés amenèrent une maladie nerveuse qui devait l'arrêter pour quelque temps du moins. Malgré son étroite liaison avec Castalion, il dut se séparer de ce savant. L'air de l'Allemagne, les montagnes de la Suisse, ne convenaient plus à un tempérament affaibli par le travail, à une santé épuisée par les veilles.

Il quitta Genève et revint à Paris. Là, il pourrait soigner le corps et reposer l'esprit; il pourrait se livrer de nouveau à la poésie, qu'inspirait mal un climat étranger. Quelques mois après son retour, il avait revu ses anciens amis. Il les avait retrouvés entourés d'une nouvelle gloire et presque maîtres des tempêtes littéraires et philosophiques.

Grâce à des soins éclairés, grâce surtout à cette société française au milieu de laquelle il renaissait, il sentit revenir son courage. Son activité se réveilla et il n'attendit même pas le complet rétablissement de sa santé pour se remettre au travail. Cédant aux conseils de ses amis et de ses protecteurs, parmi lesquels il comptait l'illustre Turnèbe ; suivant d'ailleurs l'inclination naturelle de son esprit, il revint à la jurisprudence. La maladie seule, du reste, l'en avait détourné. Comme quelqu'un lui reprochait cette ardeur, cette persévérance au travail, cette négligence de sa santé. « L'esprit ne travaille jamais plus que lorsqu'il ne travaille pas, » lui répondit-il, renouvelant ainsi le beau mot de Senèque.

Quelques mois après, il se faisait recevoir avocat au Parlement de Paris : il abandonnait le cabinet pour le barreau. Mais le tracas des affaires, cette vie agitée, ces mille préoccupations, le dégoûtèrent promptement. Ni les efforts de ses amis, ni les succès qu'il remportait chaque jour, ni les offres les plus séduisantes de la part de Frédéric V, qui, comme nous l'avons dit plus haut, avait deviné son génie, ne l'arrêtèrent. Assez longtemps il avait fui cette patrie à laquelle il s'était consacré; maintenant que la science n'avait plus rien à lui offrir, c'était à Caen qu'il voulait revenir passer le reste de sa vie. Peut-être même cet éloignement était-il pour beaucoup dans sa maladie.

Rentré dans sa ville, il y va jouir en paix de la moisson de science qu'il a faite. A partir de cette époque (1560), c'est le même savant, mais ce n'est plus le même homme. Celui qui avait assisté aux luttes orageuses des écoliers de Paris, d'Orléans, de Bourges et d'Allemagne, avait puisé, dans ces tristes exemples, l'amour de la solitude. Le savant profond qu'avaient deviné Muret, Baudoin, Duaren, Doneau, Hotman, Castalion, Frédéric V, Turnèbe, s'arrachait à cette brillante phalange. Il cherchait loin des hommes un oubli que son nom lui empêcherait de

trouver. Le philosophe, le jurisconsulte, le poète
allait se livrer aux joies intimes de la famille. Sa jeunesse ne les avait point connues, peut-être maintenant ne lui seraient-elles plus refusées. Désormais
nous ne le verrons plus sortir de ces murs que pour
aller représenter ses concitoyens dans les grandes
assemblées de l'État.

L'histoire de sa vie se confond entièrement avec
celle de notre ville et de notre Université. Peut-être
ne gardons-nous pas un souvenir assez vivant de
Rouxel. Son nom reste ignoré. Pourquoi? Dans ces
temps de renouvellement général, de remaniement
complet des institutions humaines, combien de cou-
rageux efforts, combien de dévouements sublimes
sont méconnus ou récompensés par l'indifférence, si
ce n'est par le mépris. C'est dans ses époques qu'ils
sont les plus communs, et c'est là où on les cherche
le moins. Pourtant avant tout l'histoire doit être
impartiale. Elle ne doit point avoir horreur de ces
abîmes où germe souvent l'avenir d'un peuple ou
d'une génération ; il faut qu'elle y puise avec ména-
gement sans doute, mais aussi avec justice.

Revenu à Caen, Rouxel se maria; il épousa, le
9 décembre 1562, Philippine Basire, d'une honnête
famille du pays. Ce changement d'état apporta aussi
un grand changement dans les habitudes de notre
savant. Il se retira presque entièrement du monde.

Parents, amis, il s'isola de tous, sortit rarement, et vécut seul dans une maison qu'il avait achetée près des quais.

Uniquement occupé de littérature et de philosophie, ces travaux lui suffisaient. Il avait compris qu'à cette époque le plus sûr et le meilleur moyen de sauvegarder son indépendance, c'était de vivre en dehors des troubles et des guerres civiles qui ravageaient la monarchie. Cette même année (1562), il put voir le fameux Théodore de Bèze faire *la prêche* selon les ordres de Coligny, dans l'église Saint-Jean; il put voir ce même amiral lever sur les habitants une contribution de dix mille écus, qu'il eut soin de répartir sur les catholiques. On comprend quel dégoût cela dut lui inspirer. D'autre part, les charges royales n'étaient que des honneurs vendus; tous les gens de bien sentaient le besoin de s'en écarter.

Cependant Rouxel ne devait point rester oisif. Dans cette solitude il ne fut point inutile; il consacra son savoir et son expérience à ses concitoyens; il ouvrit chez lui une école, où la jeunesse amie de l'étude put puiser les premières notions de littérature. Ses auditeurs étaient peu nombreux, mais plusieurs devaient plus tard porter un nom illustre.

C'est là que Malherbe fit ses premiers pas dans la littérature. Quoique fort jeune encore, il put goûter l'excellence des principes du maître. Les premières impressions que reçoit l'esprit sont les plus fortes, celles qui persistent le plus dans la vie; Malherbe dut, à ce titre, se souvenir longtemps des leçons de Rouxel. Lorsqu'après avoir moissonné les premiers germes de science, il alla, lui aussi, parcourir l'Allemagne savante, plus d'une fois il dut se souvenir de son premier conseiller.

Certes, tous les élèves de Rouxel ne promettaient pas d'illustrer son nom autant que Malherbe. Mais ils n'en devinrent pas moins utiles à leurs compatriotes. Leur réputation croissant, le nombre des auditeurs du poète s'accrut.

Il vint un jour où Rouxel fut malgré lui tiré de l'obscurité qu'il recherchait avec obstination. On le harcèle, on le sollicite; longtemps il résiste et se tient en dehors des charges publiques. Enfin, après quinze ans, il consent à remplir l'office d'échevin et de premier conseiller de la ville de Caen.

Rouxel sut remplir le mandat qui lui était confié avec une justice et une intégrité qui le firent admirer de tous. Il fut élu échevin une seconde fois. En 1576, il fut nommé pour représenter le Tiers-Etat de la vicomté de Caen aux Etats-Généraux des pays et duchés de Normandie, convoqués à Rouen pour le 25 octobre. Il se montra digne de cette charge; il discuta avec son éloquence ordinaire les intérêts nationaux et prouva que Caen n'avait jamais été mieux représentée.

Mais malgré ces distinctions et la manière dont il s'acquitta de ses devoirs de citoyen, Rouxel sentait bien qu'il n'était point né pour les charges publiques. Rentré à Caen, il se retira de nouveau chez lui et s'occupa exclusivement de poésie. C'est à cette époque seulement qu'il composa la plupart de ces poésies qui le font admirer encore aujourd'hui. Son inspiration poétique s'était glacée au contact des passions politiques dont il avait été le témoin; depuis, le feu de la jeunesse renaissait en lui.

A tous les concours: à Caen, à Rouen, son nom est proclamé vainqueur; en 1573, l'une de ses pièces est gravée en lettres d'or dans le réfectoire des Carmélites de Rouen. Rouxel est proclamé le meilleur poëte que la Normandie ait vu naître; on a deviné son génie, il est célèbre malgré lui. C'est le propre du vrai mérite de se laisser deviner; il captive l'admiration, il ne l'impose pas. Celui qui avait refusé les faveurs d'un prince d'Allemagne était devenu supérieur à tout ce qui l'entourait dans l'arène littéraire; lui seul l'ignorait.

Ici se place un des épisodes les plus tristes de la vie de Rouxel. Déjà il avait vu disparaître autour de lui plusieurs membres de sa famille; il les chérissait et les avait amèrement pleurés. Mais la mort n'avait

point frappé directement à sa porte. Au commencement de l'année 1581, sa femme tomba malade.
Quoiqu'il ne fut pas exempt, dit J. Cahaignes, de quelques petites infidélités, Rouxel l'aimait tendrement.
Elle ne fut que quelques jours malade; à 34 ans, elle
fut emportée par une fièvre pestilentielle qui sévissait
alors à Caen. Le poète, dans sa douleur, lui adressa
ces vers, qu'il grava sur sa tombe :

> Composito hoc tumuli quæ clauditur aggere, vita
>   Longius extenta digna Philippa fuit.
> Illam Bazirio notam de sanguine, nuptam
>   Ruxelio, castam moribus, atque probam,
> Et partus matrem numerosi, in flore juventæ
>   Abstulit heu longi vis peracerba mali.
> Quod si forte roges tumulus cur amplior, et quem
>   Expectet vacuus qui patet ille locus,
> Hanc sibi Ruxelius partem signavit, ut una
>   Et se ac uxorem contegat urna suam.
> Ergo inimica duos quæ nunc mors separat, olim
>   Mors eadem rursus junget amica duos.

Il y a dans ces deux derniers vers surtout une
expression de désespoir qui n'échappe pas à l'esprit
du lecteur de Rouxel. En effet, cette mort allait le
plonger plus que jamais dans l'abattement et la solitude. Mais heureusement qu'un de ces événements
qui réveillent tout cœur généreux, tout ami des
lettres, vint le tirer de son recueillement. Aux Etats
de Rouen, il avait été fortement question de réformer

quelques usages de l'Université de Caen. On différait toujours, mais enfin cette réforme fut résolue. Depuis longues années, c'était le plus ferme vœu de Rouxel; il allait donc assister au triomphe d'une cause qu'il plaidait depuis son retour à Caen.

Nous ne nous arrêterons pas sur cette réforme si nécessaire et que nous nous proposons d'analyser plus sérieusement dans une étude particulière. Qu'il nous suffise de savoir que Rouxel fut l'un de ses principaux réorganisateurs. Il apporta dans cette œuvre toute patriotique un zèle et une abnégation qu'il n'avait jamais déployés ailleurs, en aucune autre circonstance. Il aida, dans cette phase si tumultueuse de la science, des hommes dignes de la haute mission que leur avait confiée les représentants du pouvoir royal; Charles-François Gaillard, Jean Vauquelin de la Fresnaye, et tant d'autres dont les noms tombés aujourd'hui dans l'oubli, méritèrent de briller à côté de celui de Malherbe, dont ils furent les premiers maîtres.

Les chaires vacantes furent rétablies ; les professeurs virent s'augmenter leur traitement, et bientôt l'Université de Caen reprit en Normandie le rang qu'elle n'aurait jamais dû perdre.

Rouxel y fut comblé d'honneur. Il fut successivement nommé professeur d'éloquence et de philosophie ; peu de temps après professeur royal ès-lois.

Il reçut pour cette nouvelle charge « dix vingt treize écus. » Ce n'était pas une fortune. Il y aurait de l'intérêt à comparer les traitements des professeurs à cette époque avec ceux qu'ils reçoivent de nos jours. Rouxel s'acquitta dignement de ces divers emplois. Il était difficile de rencontrer quelqu'un plus digne que lui de ces charges élevées. Notre Université dut beaucoup à l'homme qui, après avoir voyagé par toute l'Europe savante, mettait son expérience et sa profonde érudition au service de ses concitoyens. Ses leçons furent très-suivies ; ce fut à lui qu'appartint l'honneur de relever l'éclat de ces chaires tombées dans l'oubli depuis si longtemps.

J. Cahaignes, son auditeur attentif, dit que jamais pareille foule n'avait encombré les salles de l'Université ; tous les esprits sérieux s'y donnaient rendez-vous. On y venait de tous les coins de la ville ; on venait oublier là les préoccupations et les malheurs de tout genre qui s'abattaient sur la vieille cité Normande, en proie aux orages religieux. Ce ne fut pas seulement de la ville, mais de la Normandie entière qu'on accourut entendre l'éloquent jurisconsulte : Claude Groulard, Emiric Bigot, premier président au conseil de Rouen ; Philippe Portée, ecclésiastique et poète célèbre alors ; Brethel, conseiller particulier du roi, et tous les hommes supérieurs s'honorèrent d'écouter les leçons de Rouxel.

Joignant à la science des lois une connaissance parfaite de l'histoire et de l'antiquité, il surpassait non-seulement ses collègues, mais encore tous les professeurs que Caen avait vus jusqu'alors. Admirateur passionné de Cicéron, il n'eut jamais d'autre modèle; modèle dont il resta fort loin sans doute, mais qui prouve sa connaissance parfaite de l'antiquité latine.

Les trois discours qui nous sont parvenus, dans lesquels il parle longuement de la réforme de l'Université, nous permettent de juger de la justesse de la pensée et la pureté du style. Il y eut certes à Rome des orateurs plus éloquents, plus passionnés que Rouxel, mais nous ne craignons pas de le dire, aucun ne fut plus latin, ne parla plus purement sa langue que notre auteur. Netteté d'expression, profondeur de pensée, justesse de raisonnement, il n'est inférieur en rien. Orateur, il sait captiver l'attention par la vivacité des images; jurisconsulte et philosophe, il juge les événements en homme que l'expérience a muri; patriote et citoyen, il met son éloquence et sa dialectique au service des plus grands intérêts nationaux.

Avec de pareils hommes, l'Université se releva promptement. En 1582, grâce à son zèle et à celui de ses collègues, elle était si bien tirée de l'oubli, que le célèbre Cujas fut sur le point de venir professer à Caen. Ce fait curieux, mentionné par M. G.-S.

Trébutien, ne prouve-t-il pas assez combien le droit était alors estimé chez nous? N'est-ce pas là le meilleur résultat que pouvait espérer une réforme provoquée et favorisée par notre Rouxel? Malheureusement pour la gloire de notre Faculté de droit, le grand réformateur de la Renaissance ne vint pas à Caen; ce fut Rouxel qui l'y remplaça. Jamais maître ne fut remplacé par un élève plus digne.

De 1582 à 1585, Rouxel, comme nous l'avons dit, professa l'éloquence, la philosophie et le droit. Mais cette même année 1585 devait être la dernière. Depuis quelque temps déjà, il n'entendait plus; mais ce n'était là qu'une infirmité. Les chaleurs excessives qu'il fit cette année là à Caen amenèrent une sorte d'épidémie qui décimait la ville. Rouxel, qui ne faisait plus régulièrement son cours et vivait retiré chez lui, absorbé dans un travail continuel, fut frappé par le fléau. Le 27 août 1586 il fut pris d'une violente fièvre.

Cahaignes, appelé au lit de son ami et de son collègue, ne se dissimula pas la gravité du danger. Après avoir épuisé au chevet de son malheureux compagnon tout ce que l'expérience lui suggéra de moyens de le sauver, il ne conserva plus aucun espoir. Rouxel sentant l'heure fatale approcher, voulut mourir en père, en homme et en chrétien. Il fit connaître ses dernières volontés à Cahaignes, lui recommanda ses enfants. Il fit à ceux-ci les plus touchantes recommandations ; puis abandonnant les choses terrestres, il se livra à Dieu. Le 5 septembre 1586, il reçut les sacrements et mourut au milieu des pleurs de ses enfants et de ses amis.

Lorsque cette nouvelle se répandit à Caen, ce fut un deuil général : la foule pleura l'administrateur infatigable qui avait veillé avec tant de sollicitude sur les affaires publiques ; on pleurait l'honnête échevin, le représentant éloquent de la vieille bourgeoisie caennaise.

D'autres, ses amis, ses collègues, regrettaient l'orateur brillant, le profond latiniste, le philosophe sévère, le poète inspiré qu'ils avaient aimé et admiré si longtemps.

La ville de Caen tout entière était frappée ; c'était un des fleurons de sa couronne qui s'épanouissait ; c'était un nom fameux qui disparaissait de la vie du présent pour s'inscrire en lettres glorieuses au grand livre de l'avenir.

Ce ne fut pas seulement sa ville natale, mais la Normandie tout entière qui vint déposer sur sa tombe son tribut d'admiration et de respect. De toutes parts, conseillers, échevins, professeurs, accoururent dire un dernier adieu à Rouxel.

C'est Cahaignes qui prononce son oraison funèbre ; c'est Vauquelin de la Fresnaye, lieutenant-général au bailliage de Caen; Scévolc de Sainte - Marthe , Guillaume Critton, le poète , Dorat, Nicolas Michel, Frédéric Morel, Sarrazin, qui épuisent leur éloquence et leur inspiration à célébrer sa science et ses vertus publiques ou privées. C'est A. Halley, — le savant A. Halley, — cette autre personnalité non moins curieuse et non moins oubliée, qui fait à Rouxel une épitaphe et chante ses louanges dans plusieurs pièces de vers où respire toute la douleur que lui causa la mort d'un pareil ami.

Ainsi s'éteignit, au milieu de la douleur de tous, cet esprit profond, cet homme d'un jugement et d'une érudition qu'à cette époque on trouve rarement mêlés à tant de modestie.

Rouxel étudia les hommes et les choses non pour en imposer, non pour captiver l'admiration de la foule, il l'évita toujours, mais il sentait que la mission de tout homme ici-bas est de consacrer le génie que lui a dispensé la Providence à la culture de l'esprit et à l'affranchissement de la pensée. S'il fit participer ses concitoyens à la science qu'il avait acquise, ce ne fut point pour mendier leurs louanges, et ramper devant leur approbation ou leur blâme ; il enseigna, parce qu'il savait qu'on se doit avant tout à la patrie, à la mère commune ; que le meilleur moyen d'acquitter sa dette envers elle, c'est de lui former des fils dignes de son honneur.

On pourrait peut-être reprocher à Rouxel d'avoir vécu trop longtemps seul, ignoré ; de n'avoir pas cherché la renommée , mais de l'avoir attendue. Pour nous, qui l'avons suivi dans sa vie d'écolier, de poète et de philosophe, nous ne croyons pas devoir lui adresser ce reproche. C'est le propre du vrai génie de douter de soi. Il n'appartient, au contraire, qu'aux âmes mollement trempées, aux esprits courts et étroits de croire que pour être supérieur il faut faire parler la foule. Voilà pourquoi, selon nous, Rouxel vécut si longtemps ignoré, et n'accepta jamais d'honneurs et de distinctions que forcé par les circonstances.

Imagination simple , amante du beau antique ; figure calme et douce qui, en dépit des agitations et des bouleversements de cette époque, sut conserver sa sérénité. Tandis qu'autour de Rouxel renaît la corruption et le mauvais goût, ce qu'il admire, ce sont les grandes sociétés grecques et romaines. Il se passionne pour leur grandeur sévère, leur simplicité grandiose, leur austérité primitive. La Grèce d'Homère et de Socrate, la Rome de Lucrèce et de Virgile, telles étaient les grandes civilisations qu'il aimait à évoquer des ténèbres des siècles passés ; tels étaient les grands noms qu'il aimait à citer comme exemples !

Rouxel nous a laissé un volume de poésies latines.
Elles sont dignes à tous égards d'être étudiées. Plusieurs points obscurs de notre histoire locale s'y
trouvent parfaitement éclaircis. Des hommes dignes
de l'étude et du respect de leurs descendants y ap-
paraissent étroitement liés avec le poète. On peut
regretter que Rouxel n'ait point écrit en français;
nous aurions peut-être un grand poète de plus;
Malherbe eût peut-être été précédé par son maître.
Mais, n'importe en quelle langue il se révèle, le
génie a droit au respect et à l'admiration de tous.
C'est la plus belle part qu'il ait reçue du Ciel, nous
ne devons pas la lui enlever.

Ce qui domine dans les poésies de notre auteur,
c'est une connaissance parfaite de l'antiquité mêlée
à l'expérience d'un observateur et d'un philosophe.
L'inspiration est française ; la poésie est latine. Il ne
va pas chercher dans les troubles et les malheurs
publics ce qui fera frémir sa lyre ; il n'aura pas ce
style enflé et prétentieux des fils de Ronsard. C'est
le plus souvent au foyer, à la patrie, à l'amitié d'un
collègue, à la douleur d'un ami qu'il s'adresse. Et
avec quelle profonde connaissance du cœur humain !
Quelle compassion pour la douleur, quelle expansion

pour la joie ! Sourd à la voix de l'égoïsme, jamais Rouxel n'hésita lorsqu'il fallut calmer une douleur ; jamais son inspiration n'est plus sincère et plus vraie que lorsqu'il console les malheurs domestiques. Ecoutons plutôt les beaux vers qu'il adresse à Estienne Duval, seigneur de Mondrainville, premier fondateur du Puy de Caen (1) :

> Jam pia stat soboles, busti super aggere, quos nunc
> Heu video gemitus ! Certe gravis ora coercet,
> Præcluditque dolor, nigrantem pectora planctu.... etc.

Les consolations que donne Rouxel prennent toutes les formes. Ici, c'est une épitaphe gravée sur le tombeau de G. Malherbe, directeur de l'Hôtel-Dieu de Caen. On retrouve là toute la gravité du style et la clarté de la pensée d'un poète latin :

> Quos pallente vides ductos in imagine vultus,
> Parva sed ingentis sunt monimenta viri.

Nous avons un grand nombre d'épitaphes et de

(1) Puy de Podium, qui désignait, dans l'amphithéâtre ou le cirque, une place où siégeaient les principaux sénateurs. On appela *Podium* ou *Puy*, au moyen-âge, le lieu où siégeaient les juges des concours de poésie, et par extension le nom de Puy fut donné à ces concours eux-mêmes. Il est souvent question du Puy d'amour dans les poésies du moyen-âge. Quelques poésies étaient soumises à certaines formes de vers, de là le nom de Palinods qu'on appliqua dans la suite aux Académies chargées de décerner les prix dans les concours.

pièces de vers adressées à des collègues morts avant
lui. Toujours le poète y laisse pénétrer la sensibilité,
l'amour de la vie privée qui le caractérisent.

Mais Rouxel n'eut pas à déplorer seulement les
malheurs d'autrui ; il eut aussi les siens ; l'adversité
vint aussi s'abattre sur lui. La mort éclaircit autour
de lui ceux qu'il aimait tendrement ; ses sentiments
sont éprouvés, ses affections brisées. C'est alors qu'il
va trouver des accents d'une poésie tendre, élevée ;
c'est alors qu'il pleure amèrement la mort de Gene-
viève Rouxel, sa nièce. Elle était poète malgré ses
quatorze ans, cette belle jeune fille ; elle allait cueillir
les fruits de la vie au moment même où la mort
vient la ravir à sa famille.

« Vierge dont le trépas suspendit l'hyménée »

comme eût dit plus tard A. Chénier, elle quitte la
terre quand le printemps va naître. Alors son oncle,
qui l'a vue grandir, est vivement frappé :

> O vos Orneides lachrymas quoque fundite Nymphæ,
> Si docto vestras pectine mulsit aquas.
> Hortule, dic quonam cultus abiere priores ?
> Dic flos, arboreis decidit unde comis ? etc.

Pièce vraiment charmante et digne d'un poète latin
du siècle d'Auguste.

Un autre jour, il pleure la mort de son frère. Il
fut pourtant d'une grande dureté pour lui ; mais la

mort efface tout pour les âmes bien nées. Puis, c'est sa femme qui disparaît de la scène du monde.

Dans toutes ces pièces respirent une tristesse, une douleur qui n'a rien de fardé, rien qui sente l'école de Ronsard.

Nous pourrions multiplier ces citations ; Rouxel composa un grand nombre d'épitaphes et d'élégies qui, presque toutes, nous ont été conservées ; mais à quoi bon ? Celles que nous avons citées ne montrent-elles pas assez les sentiments et la sensibilité du poète.

Du reste, celui qui déplore si poétiquement les malheurs intimes n'a pas que cette seule recommandation à la vénération de ses descendants. Il n'avait pas souhaité si longtemps de revoir la patrie pour rester muet devant ses malheurs. Il n'est rien d'étranger au génie et à l'imagination du poète. Il trouve toujours dans les grands événements une nouvelle énergie, des accents plus pathétiques. Quand tous considèrent froidement les révolutions qui s'agitent autour d'eux, il s'élève, il loue les nobles aspirations, il condamne les erreurs. Doué d'une imagination plus vaste et plus sensible que le reste des hommes, il doit embrasser d'un seul regard toute une génération, toute une époque ; soit qu'il critique, soit qu'il loue, il doit planer au-dessus des basses régions où s'agitent les partis. C'est sa mission.

C'est ainsi que la comprit Rouxel. Lorsqu'il rentra à Caen, il vit sa belle Normandie ravagée par les guerres civiles ; sa vieille cité, ordinairement si paisible, aux prises avec les orages politiques. Il ne resta point silencieux, comme tant d'autres. Il trouva de nobles accents pour flétrir les abus, déplorer les erreurs, lui jeune homme encore, dont le sang bouillonnait, dont l'imagination s'était trempée aux grandes sources de l'antiquité. C'est alors qu'il composa cette fameuse pièce : *Deploratio statu gallici*, dans laquelle il passe en revue les différents corps de l'Etat : la Noblesse, le Clergé, le Peuple.

Nous avons dit plus haut qu'il y a dans cette pièce un mélange d'idées païennes et chrétiennes qui fait un singulier contraste ; c'est le goût de la Renaissance qui perce. Mais, sous les mots, cherchons l'idée ; sous les couleurs païennes, cherchons le poète chrétien ! Avec quel amour des hommes, avec quel dégoût pour les luttes politiques, avec quelle vigueur il peint son époque. Il critique, il condamne, mais avec réserve et justice. Il ne craint pas d'attaquer les travers, n'importe où il les rencontre, serait-ce au sein même de la patrie. C'est là surtout, au contraire, qu'en bon fils, il critique le plus. Il voudrait voir tout parfait autour de lui. Il aime tant sa ville natale ! sa Normandie ! Ecoutons plutôt, pour nous en convaincre, en quels termes il raconte

les exploits de Rollon et de ses compagnons de gloire
et d'aventures :

Scire juvat sit quanta tibi concredita gentis
Nobilitas ? Gelidi quondam videre Triones
Axe sub extremo Normanum Marte potentem.... etc.

Nous ne multiplierons pas nos citations ; nous
laissons à des plumes plus éloquentes et plus exer-
cées que la nôtre le soin de peindre toute la vigueur,
toute la poésie qu'on trouve dans la plupart des
œuvres du poète Caennais.

Nous pourrions citer encore les nombreuses pièces
qui furent couronnées, soit à Rouen, soit à Caen,
dans les tournois poétiques de cette époque. Rouxel
y fut presque toujours vainqueur. Elles peuvent ser-
vir à l'histoire des Puys qui furent créés au xvie siècle
dans beaucoup de nos villes. Elles sont pour la plupart inspirées de sujets mythologiques et n'offrent
que peu d'intérêt littéraire. Borné par le sujet, le
poète ne donne pas l'essor à la vivacité de son imagination. Il est, on le sent, inhabile aux luttes publiques ; il lui faut, pour conserver à l'inspiration
toute son énergie et sa fraîcheur, le silence et la solitude du cabinet.

Toutes ces poésies fugitives ne paraissent avoir été
que le passe-temps de Rouxel. C'était plutôt à l'insti-
gation de ses amis qu'il cédait, que pour satisfaire

une ambition personnelle qu'il concourait ainsi. Il composa également quelques élégies fort gracieuses et fort belles; plusieurs sont adressées au roi, l'une au cardinal de Lorraine. Il nous a laissé également grand nombre d'épigrammes assez incisives; il traduisit du grec en latin les mots fameux des sept Sages de la Grèce.

Il entreprit aussi la traduction des *Lamentations de Jérémie* en vers élégiaques. Nous avons quelques renseignements sur le moment de sa vie où il composa ce poème. Il faut l'avouer, il est inférieur à ses autres poésies. Rouxel le finit en 1568. D'après l'avis d'Antoine Chevalier, professeur d'hébreu fort en renom, il suivit trop fidèlement le texte hébreu, ce qui nuisit nécessairement à l'élégance du style. Aussi le poète, nouveau Virgile, avait-il juré de ne jamais mettre au jour cette œuvre, qu'il considérait comme inachevée et indigne de ses amis. Ceux-ci le forcèrent à la publier. Ce poème est divisé en cinq élégies fort médiocres, sur lesquelles nous passerons.

Terminons ici une étude déjà trop longue. Cependant, nous ne voulons pas finir sans attirer une dernière fois l'attention de nos historiens et de nos érudits sur plusieurs passages du poète dont nous avons essayé de retracer la vie. Ils sont vraiment curieux et peuvent jeter un plus grand jour sur plusieurs points de notre histoire, soit littéraire, soit artistique.

C'est ainsi, par exemple, que l'une des épitaphes composées par Rouxel nous apprend les noms des premiers imprimeurs qui s'établirent à Caen. C'est par lui que nous connaissons certainement le premier maître du célèbre imprimeur de Philippe II, Christophe Plantin. Ce fut Macé qui imprima à Caen et dont le père introduisit le premier en Normandie les caractères en fonte. Enfin, chaque page, chaque ligne presque, contient des détails intéressants et utiles sur notre histoire locale. C'est une mine abondante où l'on peut puiser avec fruit.

Puisse cet hommage, quelqu'indigne qu'il soit de l'illustre enfant de notre Athènes Normande, dissiper les ténèbres qui planent sur le nom de Rouxel. Il avait son buste dans la maison de Segrais ; le buste a disparu, emporté par le temps ; l'oubli paraît s'attacher à des œuvres qui ont tout bravé. Cela est arrivé fréquemment chez nous. Il semble que notre ville, assez riche en noms immortels, marche insoucieuse des renommées du clocher, qu'elle dédaigne les gloires secondaires. Pourtant, si les grands noms méritent leur tribut d'admiration, les célébrités locales ont bien aussi leur mérite. Il y a eu à Caen, au xve et au xvie siècles, une foule d'hommes supérieurs, d'esprits élevés, qui ont leur place près des Malherbe, des Sarrazin et des Segrais. Ce sont eux qui les ont formés. Aujourd'hui qu'on ne juge plus

une époque les yeux attachés aux seuls grands noms,
mais qu'on remonte aux sources; que dans nos
vieilles annales populaires on cherche le secret de la
décadence ou de la grandeur des nations, nous ne
devons plus craindre d'isoler les personnalités. Quelque peu importantes que paraissent ses œuvres, dès
qu'un homme a apporté sa pierre à l'édifice philc-
sophique, littéraire ou artistique, pourquoi lui refu-
ser sa place au grand jour de l'histoire? Rouxel ne
fut pas certainement un de ces rares génies qui
captivent l'attention d'une génération et bouleversent
l'ordre établi. Une vie écoulée dans le calme et le
travail, une participation active et éclairée à la ré-
organisation de notre Université, quelques discours,
quelques pièces de poésies, voilà la seule recommandation du premier maître de Malherbe et du
vainqueur des tournois poétiques normands du xvi^e
siècle. C'est peu sans doute, c'est un fleuron bien
pâle ajouté à la couronne immortelle qu'ont tracée
au front de notre cité tant d'hommes illustres; mais
quelque pâle que soit le fleuron, il a bien aussi son
éclat !

BIBLIOGRAPHIE

Moreri des Normands, par l'abbé Guyot. Bibliothèque de Caen, manuscrit 57. Deux volumes.

Hermant, *Histoire du Diocèse de Bayeux*. Bibliothèque de Caen, manuscrit 70.

Huet, *Origines de Caen*.

Elogiorum civium Cadomensium centuria prima Authore Jacobo Cahagnesio. Cadomi ex typographia Jacobi Bassi, 1609, in-4°.

Moreri, *Dictionnaire historique*, édition Drouet.

Rouxel, Œuvres. *Joannis Ruxelii in Cadomensi*, Academia eloquentiæ et philosophiæ professoris regii poemata. Hac secunda editione in meliorem ordinem digesta et aucta. Accesserunt ejusdem orationes quæ inveniri potuerunt. Cadomi, ex typographia Adami Cavelier, MDCXXXVI.

Symphorien Guyon, *Histoire de la Ville et de l'Université d'Orléans*.

Le Maire, *Histoire de la Ville d'Orléans*.

Raynal, *Histoire du Berry*.

Niceron, *Mémoires*.

A. Cheruel, *Dictionnaire historique des Institutions, Mœurs et Coutumes de la France*. Paris, Hachette, 1855.

Doneau, sa vie et ses ouvrages, l'Ecole de Bourges ; Synthèse de Droit romain au seizième siècle, son influence jusqu'à nos jours, par M. A. P. Th. Eyssell, avocat à la haute cour des Pays-Bas. Mémoire couronné par l'Académie des sciences, arts, etc., de Dijon, traduit du latin de l'auteur, par M. J. Simonnet. In-8°; Dijon. impr. Robretot, libr. Decailly. Paris, libr. Derache. Publié par l'Académie de Dijon.

PIÈCES JUSTIFICATIVES

I

EJUSDEM JOHANNIS RUXELII TUMULUS

In æde sacra Dominicanorum in marmore incisus.

Piis ac gloriosis manibus V. C. Joannis Ruxelii Britovil-
lani, jurisconsulti, oratoris, et poetæ eximii : quem nobilium
ingeniorum fœcunda parens Cadomus genuit, quem virtus
nascentem excepit, quem natum doctrina excoluit, et Mureti
ac Turnebis parem, aut etiam superiorem effecit. Qui ex
Galliæ et Germanæ celeberrimis Academiis in natalem ur-
bem reversus, ejusque primus Decurio, consentientibus
omnium suffragiis, semel atque iterum creatus; tandem
supremi senatus auctoritate et decreto, omniumque civium
ardentibus votis, Regium suggestum conscendens, primùm
eloquentiam et philosophiam, mox etiam jurisprudentiam
magnis præmiis majore nominis sui celebritate, maximoque
Academiæ ornamento professus est. Ad quem docētem ac
dicentem, ut ad Themidis et Apollinis oraculum, cum non

magis studiosa pubes quam totius urbis proceres confluc-
rent et clarissima Neustriæ imò Galliæ lumina, summi
etiam Astræ Musarumque Antistites Grulardus et Portæus,
auditores, laudatores et admiratores ejus fuissent : ille non
tam ævi maturus quam gloriæ, ad quietem æternam aspi-
rans, Christum spirans, placide expiravit 5 septemb. 1586.
Certatim docti omnes funebribus Orationibus et vario Car-
minum genere, non tam deflerunt vivis ademptum quam
Divis assertum consecrarunt : filii vero Domnus Joannes,
Prior Abbatiæ de Longues, et Carolus, Dominus de Brete-
ville, hoc marmore patri optimo parentaverunt.

A. Halley, in Cadomensi Acad. Professor
Eloquentiæ Regius.

II

ÉPITAPHE DE ROBERT MACÉ.

—

D. IMMORTALIS

Roberto Macæo Typographio Regio, Roberti item (qui
primus in Neustria et Armorica libros æneis formis excudit)
filio, civi Cadomensi ornatissimo, virtute singulari, affabi-
litate, et morum candore prædito; avitæ et Catholicæ Re-
ligionis cultori observantissimo, necnon liberalibus disci-
plinis, ad nobilissimæ artis suæ præsidium et decus, egregiè
instituto : qui cum ejusdem artis arcana Christophoro Plan-

tino, quem diu domesticum habuit, excellenti nunc Typo-
grapho communicasset, grassantem ubique Impietatem,
aras eversas, mactatos sacerdotes, urbisque Arcem prodi-
tione captam vidisset, et ipse ab hoste captus vix pretio vitam
redemisset, ac denique publicam calamitatem, qua boni
omnes opprimebantur, generosa plane constantia superas-
set, tandem a misera et caduca vita ad felicem et sempi-
ternam emigravit : Benedictus Macæus colendissimo patri
multis cum lacrymis posuit.

Vixit ann. 60, menses 3, dies G

Obiit Id. Sext. M.D LXIII.

III

PIÈCE DE VERS COURONNÉE A ROUEN.

—

1573. Roth. primam palmā obtinuit, estq ; sculptum aureis literis in
cœnobio Carmelitarum.

Samos ex Val. Flac. lib. 2 Argonaut.

Sustulit ut positum terræ discrimen et undæ
Primia vias Argo scrutata per invia ponti,
Invasere truces humentia regna procellæ,
Inque hominem licuit ventis acuisse furores.
   Æmoniæ pubis virtus temeraria pacem
Exegit pelago : nullo jam gurgite Nereus
Otia mobilibus ducit tranquilla sub undis :

Tempestas æterna vetat. Vix Cyclades Austros
Stant contrà dubiæ, Mycone Gyaroque revincta
Contremit interdum Delos, metuitque revelli.
Regia quin etiam Cœli sonat icta fragore,
Et fremit indignans abruptos Jupiter ignes.
Nil adeo ventis vetitum Cœloque, saloque.
Una per Ægeas hyemes, noctemque profundam,
Una Samos fruitur miti Cœloque saloque :
Ver ibi perpetuum ridet, mundique inventa,
Dulce nitet Phœbus, leni strepit aura susurro,
Nec Zephiri placidos offendunt nubila cursus.
Ilic imbelle fretum torpet, licet undique bella,
Hinc Boreas, illinc rauco Notus ore minetur.
Mira quies ponti, quem non animosus Orion,
Pleiadesve cient, nec Hyas surgensve, cadensve.
Quid? Quod inaccessum est avidis prædonibus æquor;
Atqui Cyaneos via nec rumpenda per æstus,
Nec Maleæ rubies, nec vela Caphareus arcet.
Vi Deus arcana conatibus obstat iniquis,
Et prohibet sacro malefidas littore puppes.

    Chara Deo tellus, nostris juranda carinis,
Sera tibi longos ætas sacrabit honores.
Mi Samos est Virgo, quam non afflavit Erynuis.